日野原重明

いのちへの想い

いのち いろは ノート

きりえ／柳沢京子

解説／宮坂勝之

ほおずき書籍

まえがき

日野原重明先生との最初の出会いは、平成5年（1993）、長野県の東部に位置する東御市（旧・北御牧村）に特別養護老人ホーム「ケアポートみまき」の建設準備委員会が組織された年でした。私はその隣、五郎兵衛米の生産地として知られる佐久市（旧・浅科村）の生まれで、かつて佐久総合病院の若月俊一先生が先進的に住民の予防医療、訪問看護などを実践した健康意識の高い地域です。その地域に、全国に先駆けて全室個室型特別養護老人ホームを設立するという計画の委員長に招聘された日野原先生と、地元委員として同席させていただくという幸運な機会を与えられ、先見性を持ったお考えを実行する姿に衝撃を受けました。

十数年を経て、松本で「いのちと平和の森」の運動が始まることを、新聞紙上で知った私は、責任者の横内祐一郎さんを訪ねました。95歳になっておられた日野原先生に再会します。そして、長野こども病院をご案内し、院長の宮坂勝之先生にもお目にかかりました。私は、こども病院のロビーに、「こどもだ、ワルツだ！」の大きな壁画を創らせていただいたご縁を持っていました。「あの時計台で鐘がなるのは、いつかな」と七夕の短冊に祈りが込められたことを宮坂先生から聞き、そのことを日野原先生にも伝え、自分の生きた証として記念樹を植えて森を次世代に残そう、という先生の「いのちと平和の森」運動の中で成就できるのではないかと考え、並行して行動を開始しました。

日野原先生が提唱し、高齢者に経験を活かした意欲ある生き方を拡げようと全国組織に育っていた「新老人の会」の信州支部がこれらの活動の総元締でありました。日野原先生の教え子である菅谷昭松本市長の計らいを得て、安曇野とこども病院を見下ろせる素晴らしい眺望の市有地の丘に森は造られ、そのNPO法人は現在も活動を続けています。

再会した日野原先生の、とても95歳とは思えない若やいだ行動力に圧倒され、一気に先生の生き方を学ぶ一人に加わりました。特に『十歳のキミへ』の一冊を読み終えた時に、この言葉をこどもたちが覚えて、いのちと平和の大切さを忘れないで欲しい、と願うようになったのです。多数の著作から、いろは48篇にまとめるのは、私のクセでした。

構想から約1年を経て、長野こども病院では、日野原先生をお迎えしてカリヨンのお披露目の会が行われ、赤いとんがり帽子の時計台の16鐘が除幕されました。以来毎日、安曇野に美しい鐘の音を響かせています。多くの浄財に言い尽くせない感謝を忘れません。

やがて院長の任期を全うされた宮坂先生は、日野原先生に請われてお膝元の聖路加国際病院・大学へ教授として移られました。そしてある日「いのちいろはかるた」は、一気に形になる光栄なチャンスを与えられることになります。宮坂先生による本書の「あとがき」にその瞬間の情景が書かれています。

このかるたの発表は、記念コンサートの様子と一緒に、スズキ・メソードの小学生の皆さまが、日野原先生が読み手を務めるかるた会という映像になって、NHKの朝の全国ニュースで紹介されました。日野原先生とはご縁の深い山中伸弥教授へのノーベル賞の授与の発表と重なり、数日後の放映になったことも思い出です。

かるたは様々な使い方で拡がりました。小学校6年生は、かるた大会の後で、どの言葉が一番好きかを作文に書きます。大切ないのちへの想い、珠玉の言葉は覚えやすいのです。松本の女医さんのアドバイスで、福祉・介護施設で使いやすく読みやすい大判かるたも登場し好評を得ました。

この度、もっと手に取って学べる教材に、ということで冊子版の誕生です。かるたで親しんだ珠玉の48篇のことばを、改めていろはの流れに沿って読むのは新鮮です。それも、日野原先生の声を聴きながらページをめくるのは夢でした。そのためのCDも別途用意されています。まず、日野原先生に見ていただけるようにお供えをしなければなりません。

どうぞ、この「いのちへの想い」を、覚えてください。そして日常の口伝でお子さまにつないでいただくよう願っています。遊びには、「いろはいのちかるた」をご活用くださ い。こどもたちは汗ぐっしょりに競い合って楽しんでくれます。

本書『いのちいろはノート』の空欄には、その時々の思いを書き込んでください。お子さまがお父さん、お母さんになる時、このノートを、親世代から子世代へ、そして孫世代へ届くよう、手渡しして欲しいと願っています。

平成30年、猛暑でセミが夕方に鳴くような夏に……記す。

柳沢京子

日野原重明
いのちへの想い

いのちいろはノート

い

「いのち」って
何《なん》だろう
見《み》えないからこそ
大事《だいじ》だよ

重い病気で自分の「いのち」が長くないことを悟った11歳の女の子（宮越由貴奈さん）が、「いのち」を電池に例えて願いました。「いのち」はいつかは切れてしまいます。でも「いのち」は電池のように簡単に取り替えることはできません。そうして、与えられた「いのち」ですから、無駄にすることなく、精一杯大切に使いましょう。授かった「いのち」の大切さを私達に教えてくれています。

い

ろ

老化《ろうか》も自然《しぜん》な
からだの移《うつ》り変《か》わり
ちょうど夏《なつ》から
秋《あき》が来《く》るように

年齢を重ねると、からだは変化し、それは老化と呼ばれます。同じ木の葉であっても、春の芽生えの緑色が、夏を経て秋になり鮮やかな紅葉色に変わり、そして落ち葉となってやがて地に還りまた春がめぐってくるように、それぞれがその時期に応じた自然の営みなのです。見かけや振るまいは変わっても、同じ人間です。でも違いはそれぞれの人の心の持ち方にあります。心の持ち方には老化はなく、進化だけがあります。毎日新しい日を、新しい心で迎えられます。

ろ

は

恥《は》ずかしかったり
悲《かな》しかったりした
その経験《けいけん》が
立《た》ち上《あ》がる力《ちから》の源《みなもと》

人は生きている中でいろいろな経験をしますが、心地良い出来事ばかりではありません。しかし、いのちがある限り、必ず新しい明日《あした》が来ます。そしてその一日は、それまでの経験が積み重ねられた上にはじまる、はじめての日です。良い経験は私達の背中を押してくれます。良くない経験でも、今日をさらに良くする土台になります。それで毎日がより良い日になります。

は

に

人間《にんげん》らしさを
味《あじ》わい尽《つ》くさなきゃ
それこそソン

人間らしさとは、いのちが醸《かも》し出すエネルギー。それを堰《せ》き止めるのにエネルギーを使うのはもったいない。生かして使い尽くす気持ちを持ちましょう。何歳になっても湧き出るエネルギーは枯れません。歳をとっても何ごとにも好奇心を持って接し、常に新しいことを創《はじ》める気持ちを持ち続けましょう。

に

ほ

ほほえみの
シワは
たくさん
つくろうよ

顔の皺《ひだ》は老化の証と思っていませんか?　でも、笑いで顔に皺を作るのは幸せの証なのです。笑顔は自分のためでもありますが、周囲も一緒に幸せにします。そしてその笑顔によってまた笑顔が生まれます。幸せの連鎖反応です。

ほ
ホホホ

へ

平和《へいわ》がここにあって
あそこに無《な》い
それは
平和《へいわ》でない証拠《しょうこ》

平和とは皆が幸せになること、お互いに幸せを分けあうことです。争いがないとか、戦争がないことだけが平和ではありません。自分の幸せだけを得ても、それで他人の幸せを奪っては平和とはいえません。地球という限られた空間と資源の環境では、皆がお互いを思いやり、譲り合い、許し合う社会が平和です。

へ

と

ともに喜《よろこ》べば
喜《よろこ》びは倍《ばい》
ともに悲《かな》しめば
悲《かな》しみは半分《はんぶん》

喜びは皆で分ければ、その人の数だけ増えます。悲しみは、皆で受け止めれば、その人の数だけ、心の負担が軽くなるといえるでしょう。だから悲しみは一人で抱えこまないこと。そしてまた、他人の悲しみも一緒に受け止めてあげれば、いつか自分の悲しみも、誰かに受け止めてもらえることでしょう。

と

ち

知識《ちしき》を
良《よ》いことの
ために使《つか》う
その知恵《ちえ》が必要《ひつよう》

知識は、持つものではなく使うもの。知識が入ったたくさんの引き出しを、上手に使う知恵が、その人らしさの表れです。知識は引き出しの中で眠らせないで、人のために役立ててこそ価値があります。

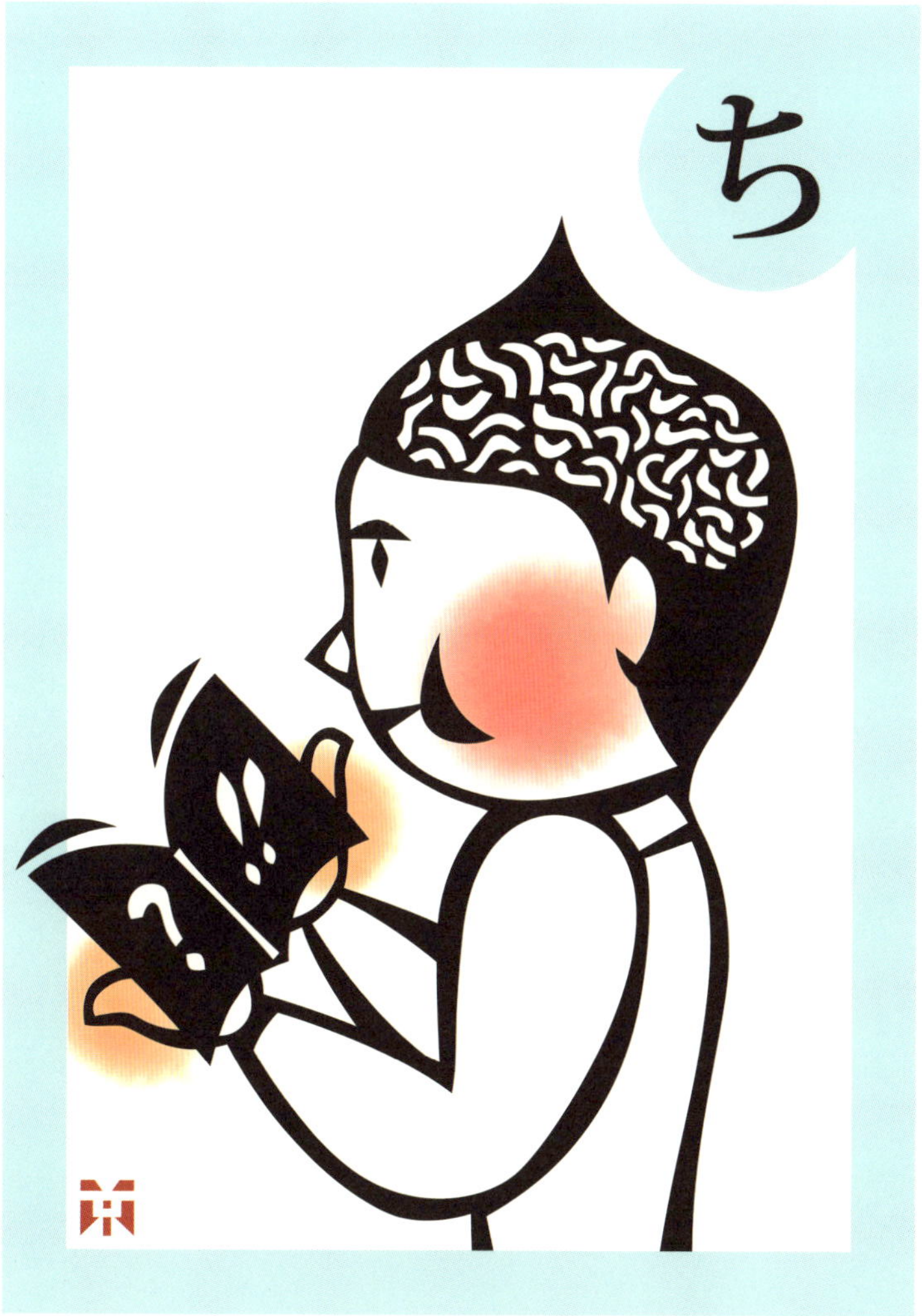
ち

り

両親《りょうしん》からもらった遺伝子《いでんし》がキミという人間《にんげん》の設計図《せっけいず》

遺伝子は親からもらった宝物。でも私達は授かった遺伝子の力の10%程しか使っていません。残りの90%の働きは謎ですが、可能性の宝庫です。遺伝子は、性別や顔つき、寿命など肉体の重要な部分の設計図ですが、実際のキミを作るのはあなた自身。同じ遺伝子を授かった双子でも異なる人生を歩むように、人の心や能力は、環境や知識、出会い、日々の生活への対応で変わります。だからこそ日々勉強する意味があり、良い出会い、良いおつき合いが大切なのです。

り

ぬ

ぬり絵《え》して楽《たの》しい時間《じかん》が過《す》ぎていく

ぬり絵は、決まった枠の中に、色を塗るだけで美しい絵が描ける手軽さが楽しいです。その楽しさは、やがては枠にはまらない、自由な発想の絵への創造力に発展してゆきます。音楽も同じ。小さなうちから良い音楽を繰り返し聴けば、良い音感が育ちます。

ぬ

る

ルールだよ老若男女《ろうにゃくなんにょ》はいっしょに生《い》きる

世界は自分一人のものではありません。私達の先祖がいて、親兄弟がいて、そして子孫が受け継ぎ、お互いが相手に気を配り、人類皆が助け合いながら生きるという大きな流れの中にいるのです。一人の世界に入り込んでしまっては、他人にかけている迷惑にも気がつきません。子どもはお年寄りとのおつき合いから知恵をもらい、お年寄りは子どもから夢と活力をもらいます。

る

を

ヲーキング
背筋《せすじ》伸《の》ばして
かかとから

元気な高齢者でも、思わぬつまずきによる転倒・骨折から、老け込んでしまうものです。つまずかない秘訣は背を丸めたすり足歩きをしないこと。背中の肩胛《けんこう》骨《こつ》を近づけて胸を張り、目線をあげて、少し大き目の歩幅で、一歩一歩踵《かかと》からしっかり着地させます。階段は、かまわず手すりの近くを歩きます。

を

わ

ワッハッハ
笑《わら》うと
キラー細胞《さいぼう》が
よく働《はたら》くョ

笑いは幸せの連鎖反応の源です。笑いは自分も幸せに感じますが、周りの人も幸せに感じさせます。同じガンの人でも、良く笑う人や前向きの考えの人ほど長生きすることも知られています。つまり笑いは、からだの中では、ガン細胞などの質の悪い細胞をやっつけるキラー細胞を応援するのです。

ワッハッハ
わ

か

からだを鍛《きた》えることはいのちを守《まも》ること

からだを鍛えることとは、特別にスポーツで筋肉を強くすることだけではありません。日頃の動作の中で、歩くこと、手足を使うこと、そしてからだを使うことを厭《いと》わない生活が大切なのです。若い頃は何気なくできる立ち上がりや歩道の段差を越えることも、歳をとれば目に見えて億劫《おっくう》になるものです。何とはない動作にも、気合いが必要になる時に備えて、普段からだを鍛《きた》えておくことが、日野原流の長生きの秘訣《ひけつ》です。

か

よ

よくかむ習慣《しゅうかん》
歯《は》という字《じ》は
年齢《ねんれい》のこと

〈齢＝よわいと読《よ》むなり〉

よく食べ物を咬《か》むことは、消化に良いだけではありません。消化や吸収を助ける唾液《だえき》中の酵素《こうそ》も増やしますが、口周辺の筋肉の運動や、頭蓋骨《ずがいこつ》に直接つながる骨や歯から脳への刺激で、記憶や学習、そして老化防止に関係する物質も増やすのです。年齢という漢字には、歯が含まれているのは、よく咬むことが長寿に役立つことの表れです。

よ

た

だれとでも「おはよう！」「こんにちは！」のあいさつを

人の絆とはコミュニケーション。あいさつの言葉には、その折々の気持ちがこめられています。「おはよう！」には朝の爽やかなリズムがあります。「こんにちは！」は、はじめて会った人との距離を一気に近づけてくれます。幸せな気持ちがこめられた「ありがとう」は、おそらく一日で一番たくさん使われる言葉でしょう。あいさつは笑顔で返しましょう。その回数だけ絆が強まります。

た

れ

Let's《レッツ》 Let's《レッツ》と呼《よ》びかけよう創《はじ》めることに年齢《ねんれい》は無《な》い

創《はじ》めることは、未来に花を咲かせること。創めれば必ず何かが得られます。今のままで良い、これで終わりだと思えば、全てはそこで終わります。「やらない理由」「やれない理由を探すエネルギー」を「どのようにやるか」のエネルギーに変えて使いましょう。何ごとにも遅すぎるということはありません。人は、創めることを忘れない限り老いません。

れ

そ

想像力《そうぞうりょく》をめぐらそう
他人《ひと》のことも
思《おも》いやってこそ
しあわせ

想像する力とは、周囲への思いやりの心です。他人を自分と関係ない存在にすることが争いの始まりです。どんな争いでも、お互いが相手のことに少しでも思いをめぐらせば、解決の糸口《いとぐち》があります。まず相手の存在を認め、そして相手を知り、そしてその心の内を想像することからはじめましょう。そうすれば、許し合う心が芽生え、世界から争いごと、戦争もなくなります。

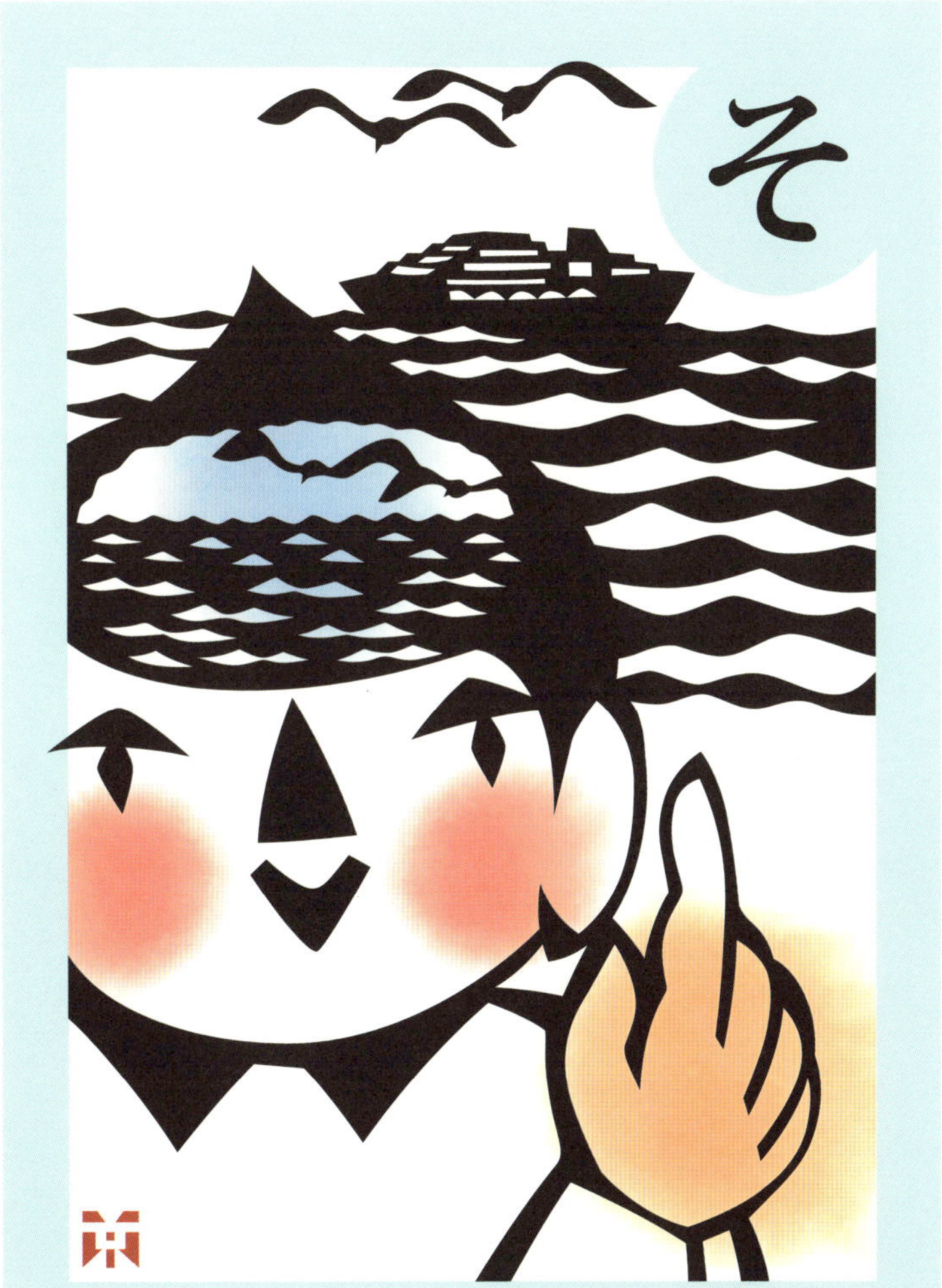
そ

つ

辛《つら》い体験《たいけん》のりこえて楽《たの》しい体験《たいけん》語《かた》り合《あ》おう

人生には辛い体験や挫折《ざせつ》がつきものです。その時は最悪だと思える体験も、そしてその後すぐには辛い気持ちが拭《ぬぐ》えない体験でも、年月が経てばそれが貴重な経験、あるいは自分のその後の人生に役に立ったと思えるものです。辛い体験が一生続くことはありません。辛い体験も未来への試練であり、のりこえた分の力が身につくのです。今からが始まりだと考え、早く気持ちを切り替えて、楽しい体験を語り合えるようにしましょう。

水道 1-3-30
03-3868-3275
発行 ほおずき書籍
藤沢 京子/絵
想い いのちいろはノート
定価1100円
(本体1000円+税10%)
ISBN978-4-434-25414-7
C0095 ¥1000E

ね

眠《ねむ》ること 休《やす》むこと それが明日《あした》の エネルギー

朝が来れば必ず夜が来ます。それは、からだを休め、次の日に備えるために与えられたものです。からだは、眠っている間に、翌日働けるエネルギーを蓄えます。眠る時間は人それぞれですが、長さよりは深さ、そして何よりリズムが大切だと思います。毎日のリズムを守り、適度に眠ったり休んだりすることが、次の日の快適な目覚めと活動につながります。時計遺伝子、すなわち体内時計がうまく働くからです。

つ

ね

眠《ねむ》ること
休《やす》むこと
それが明日《あした》の
エネルギー

朝が来れば必ず夜が来ます。それは、からだを休め、次の日に備えるために与えられたものです。からだは、眠っている間に、翌日働けるエネルギーを蓄えます。眠る時間は人それぞれですが、長さよりは深さ、そして何よりリズムが大切だと思います。毎日のリズムを守り、適度に眠ったり休んだりすることが、次の日の快適な目覚めと活動につながります。時計遺伝子、すなわち体内時計がうまく働くからです。

ね

な

何《なん》でもひとの
倍《ばい》やろう
思《おも》いついたら
すぐ実行《じっこう》だ

天才と言われる人も、実は努力の連続です。人の能力は環境が与えられなければ育ちませんし、環境が与えられても努力がなければ能力はつきません。子どもの時は両親の努力が頼りですが、大人になったら本人の努力次第。何事にもひとの倍の時間、倍のエネルギーを注ごうと心がけて、やっと皆に追いつけるものです。良いと思ったら、できない理由を探すことなく、まず始めて前に進みましょう。何かが造りだされます。

な

ら

ラ音《おん》は心地《ここち》よし
ラ音《おん》で伝《つた》わる
幸《しあわ》せのこころ

高めの声は明るく響き心を沸き立たせます。音階の基本は「ド」ですが、楽しい時に出るハミングは決まって、高めの「ラ……」で始まります。あいさつや会話も、努《つと》めて「ラ」音で行えば、幸せの心が伝わります。音階をABCで表すと、ラ音は、最初のA音のことです。オーケストラが最初に音合わせをするあの音です。全ての楽器で心地良く響くからです。

ら

む

無限《むげん》の可能性《かのうせい》
秘《ひ》めているのが
赤《あか》ちゃんだね

生まれたばかりの赤ちゃんは無限の可能性と最大限の時間が与えられています。その赤ちゃんの持つ基本的な能力を育てるのは親の責任であり、それには良い環境を与えることが必要です。日本語を話すお母さんの赤ちゃんが、自然と誰でも日本語を話せるようになるように、良い環境が与えられれば、良い感性も育ちます。赤ちゃんは環境を選べないからこそ、親の努力が必要なのです。非認知能力と呼ばれる他人を慈しむ心や常識も、幼児期に一番育ちます。

む

う

失《うしな》うモノより得《え》るモノ増《ふ》えて幸《しあわ》せのセンサー喜《よろこ》ぶよ

どんな逆境におかれたとしても、失うモノより得るモノのほうがはるかに多いものです。他人に与えていると思っていても、実は与えられている場合のほうが多いものです。相手の行動や発言に対しても、まずは言い分を聞き入れることから始め、良い部分を吸収しようとすることで、相手の心も開け、得るモノも増えます。苦しい時や悲しい時でも、常に前向きに考えれば道が開け、幸せのセンサーが喜びます。

う

ゐ

いのちの森《もり》は
平和《へいわ》の森《もり》
記念樹《きねんじゅ》植《う》えて
森《もり》つくろう

私が生きた証に、キミが生きた証に、樹を植えましょう。森の樹木は、炭酸ガスを吸収し、環境へ酸素を供給します。それぞれの樹木が与えられた境遇で最善を尽くしながら、黙々と次の世代につながります。花を咲かせて人々を幸せにする木、秋の実りをもたらす木、ひたすら下草を風雪から守り続ける木と、様々な生き方があります。奢《おご》ることなく、他を羨《うらや》むことなく、やがて静かに大地に還ります。自然のいのちの営みであり、平和なのです。

ゐ

の

のんびりと すごす時間《じかん》も 時《とき》には大事《だいじ》

時の流れは誰にとっても同じですが、同じ時間をどう使うかは人により様々です。限られた時間を精一杯に使おうと考えれば、それだけ多くのことを成し遂げることができます。自分の時間を、自分以外の人のために使えば、時間はさらに有効に使えますし、自分の存在意義を深められます。でも、時にはのんびり立ち止まって自分の歩幅を確かめてみることも大切です。周囲の人たちと歩調を合わせ、皆も一緒に前進できるきっかけにもなるからです。

の

お

音楽《おんがく》は
心《こころ》を癒《いや》す薬《くすり》
それを受《う》けて
歌《うた》おうよ

「音楽は、人の心から自然に湧き出たもの。どんな時にも相応《ふさわ》しい旋律《せんりつ》がありま す。音楽は考えるものではなく、心に感じるものです。音楽の持つ癒《いや》しの力は、心が沈んだ人には共感をもって響き、心を和《なご》ませて回復の糧《かて》を与え、健《すこ》やかな人には、気持ちを爽《さわ》やかにし、一層の元気をつけます。唇に歌を育めば、心に温かい太陽が宿ります。」（山本有三〈フライシュレン〉）

お

く

苦《くる》しまないでね みんなひとりでは ないんだから

苦しみは、一人で抱え込まないこと。分かち合えばそれだけ苦しみが減ります。お互いに思いやり、助け合って生きているのが社会ですから遠慮は無用です。自分一人では思いも及ばない助言も得られます。苦しんでいる人には、共感を持ってその一部でも肩代わりしてあげましょう。「おたがいさま」の世の中です。

く

や

「やらないと気《き》がすまない」で良《よ》い習慣《しゅうかん》を身《み》につけよう

何ごとも不可能と考えずに、まず実行する習慣を身につけましょう。やらない理由は、やる理由と同じ以上にあります。ですから、努力しなければ、ものごとは始まらない方向に進みます。ただ確かなことは、やらなければ何ごとも始まらない、すなわち進歩は生まれないということです。「やらないと気がすまない」気持ちで、どんな事にも前向きに行動を起こせば、社会に活力が育まれます。

や

ま

まわりのひとを愛《あい》しましょう自分《じぶん》を見《み》つめ自分《じぶん》にも愛《あい》を

まわりのひとを愛するとは、そのひとたちの身になって相手を思いやる心を持ち、相手を幸せにすることです。いつも、まず相手の長所を見つけようとすることで、心の中には相手に対する愛情が自然に育ちます。相手に関心を持ち、一緒に楽しみ、悲しみ、そしてドキドキ、ワクワクと感動する。そのためには自分をよく見つめ、自分の長所を相手に手向ける心がけも必要です。それが、自分を愛することにつながります。

ま

け

健康《けんこう》なからだに健全《けんぜん》なこころが宿《やど》るように祈《いの》ろう

〈ローマの詩人《しじん》ユヴェナリス〉

皆がオリンピック選手のように強靱《きょうじん》である必要はありません。普段の生活の中での適度な歩行と少しの食習慣の努力で健康なからだは維持できます。その上で、その健康なからだに健全な心を宿らせて欲しいと祈りましょう。からだが病んでも心穏やかな人はいます。からだは、いつか健全とはいえない状態になりますが、それでも心は穏やかでいることができます。手は合わせられなくとも、心の中で感謝の気持ちを持つことは、いつもできます。

け

ふ

不幸《ふこう》には敏感《びんかん》 幸福《こうふく》には鈍感《どんかん》に なってしまった 私《わたし》たち

幸福に敏感になりましょう。幸福に鈍感では、幸せを感じにくく、不幸に敏感であれば、不幸な気持ちになりやすい人になります。どうも現在の私達は、幸せを望みながら、自分の幸せを感じ、それを十分に享受《きょうじゅ》できなくなっているようです。テレビや新聞の見出しも、不幸な出来事ばかりが目立ちます。世の中の人皆が不幸せだと思ってしまいそうです。でも、本当の世の中は幸せで満ちているのです。

ふ
unhappy
happy

こ

呼吸《こきゅう》は吸《す》うよりも呼《は》いてまた呼《は》く深呼吸《しんこきゅう》のやり直《なお》し

私達は生まれた時、まず呼《は》き出すことから呼吸を始めているのです。お母さんの産道を通る時、胸は押されて肺の中の水分が押し出され肺は空になります。いわば真空状態の肺に息が吸いこまれ、次いで「おぎゃー」と元気な泣き声をあげるのです。深い呼吸をするためには、吸い込むことばかりに気をとられてはいけません。まずは静かにお腹をへこませながら十分に息を呼き出し、次にお腹でゆっくり深く息を吸い込む深呼吸がおすすめです。

こ

え

永遠《えいえん》の平和《へいわ》を十歳《じゅっさい》のキミに託《たく》したいどうしても

悲惨な戦争を体験した者も含めて、私達大人は戦争のない世界を実現できていません。しかし十歳のキミは、平和な世界を作り上げるのに十分な時間があります。今日から、相手の心に気を配れる人、自分以上に相手に寛大で、勇気を持って許す心のある人で満ちた社会を目指せば、争いのない社会は可能です。恨みが恨みをよび、報復の連鎖が断ち切れない結果が戦争です。命を殺す正義の戦争はあり得ません。世界平和の実現に寄与する日本人になって欲しいです。

peace
え

て

手《て》にとって「葉《は》っぱのフレディ」から「いのちの旅《たび》」を教《おそ》わろう

庭に落ちた一枚の木の葉にも立派な人生があります。芽生えの春に生まれた元気な「葉っぱのフレディ」（レオ・バスカーリア）は、同じ葉っぱ同志でもそれぞれに個性があることを知り、成長し、一緒に人生を楽しみ、自分の存在意義を考え、葉っぱに生まれてよかったと思うようになります。やがて葉っぱとしての人生を終える兆《きざ》しを感じさせる秋になり、そして冬。枯れ落ちて地に還っても、やがて新しい春の到来で、新たないのちが芽吹きます。生きた「いのち」の証は続くのです。

て

あ

「ありがとう!」の言葉《ことば》を毎日《まいにち》何度《なんど》でも

感謝の気持ちがこめられた「ありがとう」は、一日で一番たくさん使われる言葉でしょうし、またたくさん使うべき言葉です。新たな一日の始まりを「ありがとう」と感謝し、そして一日を「ありがとう」で終えます。あらゆる行為に対しても、少なくとも3回は感謝の気持ちを表すようにしましょう。「ありがとう」は、どんな人をも幸せにします。地位や名誉、あるいは財産とは違い、「ありがとう」は、お世話になった方々の心に残り続ける最高の贈り物です。

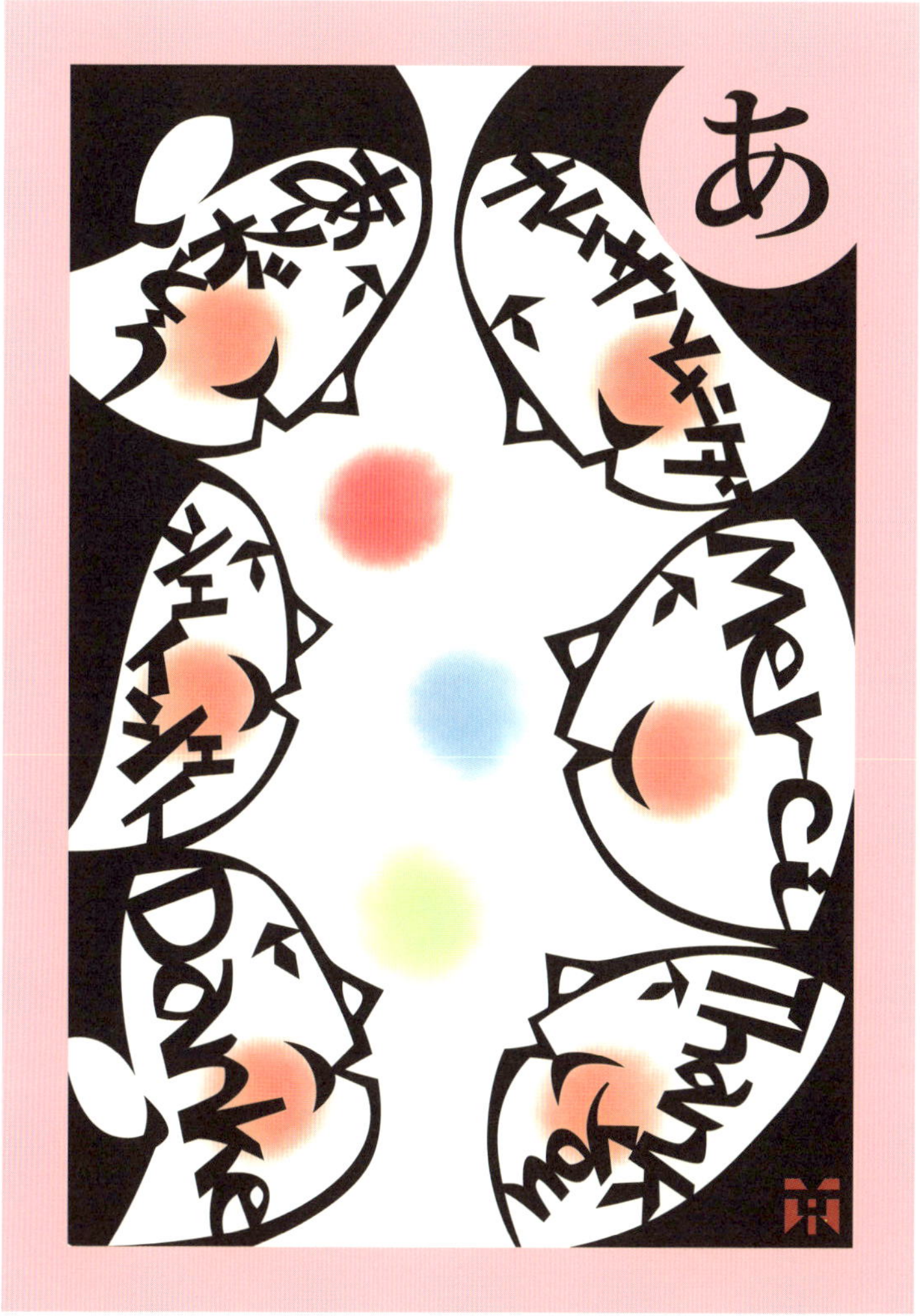
あ
Merci
Thank you
Danke

さ

才能《さいのう》はいつまでも花開《はなひら》く日《ひ》を待《ま》っている

人の才能は、持って生まれたものだけではなく、育てられるものもあります。道に落ちた種だけでは実りません。「生まれた時には無限の可能性を秘めていますが、環境が与えられ、本人の努力がなければ開花しません」（鈴木鎮一）。確かに幼児期の伸びる力が最も強いですが、何歳になっても可能性はあります。ただ、相応のたゆまなく続ける努力は必要です。新しいことを始める価値はあり続けます。5年後、10年後に才能が花開くかもしれません。才能は、いつも花開く日を待ち続けています。

さ

き

今日一日《きょういちにち》
精一杯《せいいっぱい》に生《い》きようよ
それがキミの
未来《みらい》となる

今日という日は今しかありません。二度と経験できないと思うと、そのかけがえのなさに、自然と精一杯生きようと思います。今日一日を全力投球しようとさえ思えます。例え昨日と同じような日に思えても、今日は昨日とは違います。ただ、今日は昨日までの積み重ねの上にあります。そして、明日は今日までの積み重ねの上に始まります。一刻、一瞬の積み重ね、一日の積み重ねが積もり積もって一生となります。毎日の積み重ねは、必ずキミの未来の糧《かて》になります。

き

ゆ

許《ゆる》すことは人間《にんげん》だけが出来《でき》る行動《こうどう》

どんなに思慮深くても、緻密《ちみつ》で慎重であっても、人は誤りを犯《おか》すものです。「仮にその誤りが自分に不利益を与えたとしても、最善を尽くした結果であれば、相手のおかれた状況を思い許します」（アレクサンダー・ポープ）。相手を許すことが出来るのは、人間だけがとれる行動であり、過ちを繰り返さない努力をするのも人間だけが出来る行動です。戦争は、相手を許すことが出来ないことによる、報復の連鎖です。お互いに相手を許すことが出来る社会になれば、戦争はなくなります。

ゆ

め

目《め》に見《み》えぬ見《み》えないものこそ肝心《かんじん》だ

〈星《ほし》の王子《おうじ》さまはこころでモノを見《み》る〉

画面に見える文字や画像情報こそが肝心だと思いがちな現代ですが、大切な人の「いのち」は目に見えません。ただ、「いのち」があることを心で感じることはできます。人と人をつなぐ絆や愛、幸福、あるいは苦難も目には見えませんが、その存在を心で感じることはできます。時の流れも同じです。「人生に欠かせない肝心なものほど、目に見えないのかもしれません。心でのみ受け止められる肝心なもののために、いつも心のアンテナを高めておく必要があります」（サン・テグジュペリ）。

め

み

みんなのために私《わたし》のいのちが役立《やくだ》つ歓《よろこ》び

いのちは、自分に授かった時間です。成長期にある子どもは、授かった時間のほとんどを自分のためだけに使ってしまいます。しかしやがて大人になった時、自分の時間を、必要とする誰かのために使うようにしましょう。自分の時間が他人のために役立てられれば、それだけ自分のいのちの存在意義も深まります。その時のために、今は心と体を鍛えておきましょう。私は今日一日、どのくらいの自分の時間を他人のために使っただろうか。

み

し

叱《しか》られて知《し》る親《おや》の本当《ほんとう》の愛《あい》

大人たち、とりわけ子を持つ親には、社会人として未熟な子ども達に、叱ってでも社会の規範《きはん》を教える責任があります。社会の規範は、直感では身につかないからです。親が子どもを正すために叱るのは、子どもへの愛の表れです。そして子どもには正しく叱られる権利さえあります。「ただ、叱ることと怒《おこ》ることは明確に違います。親が理性を失い怒ってしまったのでは、子どもの心が離れてしまいます。これは親達に知って欲しいことです」（賀川豊彦）。

し

円卓《えんたく》を囲《かこ》む食事《しょくじ》はコミュニケーションの場《ば》

インターネットの普及、夫婦共働きの家庭の増加と、家庭内で親子が顔をあわせての会話の機会は減少しています。文字によるコミュニケーションは、音と顔の表情が欠ける分だけ、機微《きび》に欠けるものです。家族が円卓を囲む食事は絶好のフルコミュニケーションの場ですが、人生の中で、親子がともに食卓を囲める時間は、そう長くありません。努めて機会をつくり、精一杯の笑顔で語り合いましょう。

ゑ

ひ

ピンチこそ すべてに勝《まさ》る 良《よ》いチャンス

ピンチをこの世の終わりと考えることはありません。全てをリセットし、新しいスタートを切れる良いチャンスだと考えれば良いのです。例え長くとも、あるいは長く感じたとしても、ピンチがいつまでも続くことはありません。ピンチの間にため込まれたエネルギーが、その後の人生に役立つことは多いものです。

ひ

も

もっと良《よ》く知《し》りたい
その習慣《しゅうかん》が
好奇心《こうきしん》を
育《そだ》ててくれる

世の中は、分からないこと、知らないこと、不思議なことで満ちています。もっと知りたい、学びたいという気持ちになる材料に事欠きません。それが好奇心を育て、創造性を育み、そして形になって表れることも多いのです。何歳になっても、新しいことを始めれば、新しい発見があり、新しいアイデアが湧いてきます。何歳になってもワクワクする毎日です。

も

せ

成人《せいじん》したら先《ま》ず勇気《ゆうき》を身《み》につけて

誰でも知らない世界に踏み込むのは不安です。しかし成人したら勇気をもって新しい分野に踏み出すべきです。大人になったら、先《ま》ず自分のいのち、すなわち自分に授かった時間、を必要とする他人のために使う勇気を持ちましょう。世の中は自分一人だけのものではなく、お互いに相手に気を配り、許し合い、お互いの存在意義を認め合うことで成り立っています。相手を許すことには大きな勇気が伴いますが、皆がそうすることが世界平和への唯一の道なのです。

せ
勇気

す

「過《す》・ぎ・る」食習慣《しょくしゅうかん》こそが病気《びょうき》をつくる

農耕系の日本人には、予期せぬ飢饉《ききん》でも対応できる、植物性の食べ物を効率良くエネルギーに変える仕組みがありますが、動物性の食べ物の食べ過ぎは、容易に過剰な物質を血管の壁へ沈着させ、生活習慣病の原因となります。今私達は、必要十分以上の食べ物に囲まれていますが、これはこの数十年の話であり、何万年にもわたって遺伝子に組み込まれてきたからだの仕組みは、そう簡単には変わりません。食べ過ぎは生活習慣病の最大の原因です。

す

ん

ん？
どう生《い》きるか
いつも自分《じぶん》に
問《と》いかけて

ただ長生きすることが幸せなのではなく、その人生をどう生きたのかが重要です。人は、生を受けた時に「どう生きるか」を問われ、その問いへの答えを出し続ける長旅が生きることであり、人生です。いつもその問いを忘れずに、与えられたいのち、限りある時間を、自分のためだけでなく、必要とされる他人のためにも使うことで、自分の存在意義をさらに深めます。与えられた命を精一杯生きることは、常に「どう生きるか」、という問いに答え続けることです。

ん

あとがき　「いのちいろはかるた」誕生の背景

この本の元となっているかるたの発案は日野原先生の100歳の誕生日を2か月程過ぎた2012年のお正月のことでした。その日、私は、先生の代わりを務めた、こども達への「いのちの授業」の報告をさせていただいたのですが、話はスズキ・メソードをはじめた鈴木鎮一先生と幼児教育の話題になりました。その心が、プロの音楽家育成ではなく、音楽を通じた感性の涵養と世界平和にあることをお話しすると、先生は身を乗り出して頷《うなず》かれていました。

私はご縁があり、日野原先生に賛同して集った、切り絵作家の柳沢京子さんや地元の「新老人の会」信州支部の方々とともに、松本市郊外の安曇野と北アルプスが一望できる素晴らしい丘陵に、小さな森を作る「いのちと平和の森」運動に参加していました。その森から眺められる美しい常念岳の上には雄大な空が拡がり、眼下には赤いとんがり帽子の時計台のある「長野県立こども病院」がありました。私はそこの院長をしていました。日野原先生が、柳沢京子さんを伴って病院へお見えになり、事がはじまりました。

その後、多くの皆さま、そして作曲家の三善晃先生の御尽力まで加わり、善意の浄財が寄せられ、ベルギー製のカリヨンが16鐘取り付けられました。

一般的なカリヨンの2倍の鐘の数にしたのは、「しゃぼん玉」「きよしこの夜」にこだわった日野原先生と、カリヨン特有の、時に違和感のある音調を排除したい私の音へのこだわりでした。微調整を繰り返し、三善先生からは「母子のための音楽」からドルチェを奏でる許可をいただけました。季節・時節に合わせた選曲とともに、以来、いのちと平和の音が、毎日安曇野に響いています。これは、入院中のこどもが七夕の短冊にこめた夢だったのです。読者の皆様にも、いつかはこの美しい鐘の音を感じていただきたいと思います。

さてその日は、日野原先生が80年も前に作曲した「若き日のノクターン」というピアノ曲の話、音楽を通じてバルカン半島の民族融和と平和活動をしている指揮者・柳沢寿男さん、そして日野原先生の講演、著書などから「日野原語録」を書きとめている柳沢京子さんが考えているかるた作りの話へと拡がりました。101歳の誕生日は「いのちと平和」をテーマにしてコンサートを開催し、それまでに「日野原いのちのかるた」を作ることを二人で決めました。即決でした。

早速トレードマークの10年予定帳の、101歳前日の10月3日に日野原先生を予約し、バルカン管弦楽団によるハイドン交響曲「101番」、スズキのこども達のバイオリン演奏、同じく石川咲子さんによるピアノ演奏、そしてかるたのお披露目、というプログラムが、自然の流れで決まりました。柳沢さんが書きとめた日野原珠玉の言葉48篇を示し、日野原先生の了解を得ると、切り絵創作に入りました。制作期間は、半年を切っていました。

制作の終盤、コンサートのちょうど1か月前、２０１２年9月3日朝、日野原先生のお部屋でＣＤ用の読み上げ収録を行いました。収録は宮坂清之が担当しましたが、日野原先生がリハーサルも休みも無しに、一気に読み上げられたことは圧巻でした。このコンサートの日に、会場にはじめて「いのちいろはかるた」が登場しました。読み上げた先生の声のＣＤが添えられて……。

最後まで医師としての現役を貫いた日野原先生は、２０１7年7月18日、満１０５歳で逝去されました。こどもから高齢者までの全ての人に、いのちと平和を尊び、他人のために尽くすことの大切さを平易な言葉で説かれ、自らもそれを全うした人生に、私たちも多くのことを学ばせていただきました。

このかるたになっている珠玉の言葉は、永遠に私たちが語り継ぎたい「いのちと平和への讃歌」であります。シンプルな切り絵が、その印象度を深めるための脇役となって、もの語り、遊びを呼びかけています。

宮坂　勝之

■著者略歴

日野原 重明（ひのはら しげあき）

生涯を「いのちの大切さ」の啓発に捧げた医師。平成17年、予防医学への貢献で文化勲章受章。聖路加国際病院名誉院長。山口県山口市出身（明治44年生まれ）。平成29年、逝去（105歳）。

柳沢 京子（やなぎさわ きょうこ）

美しい信州の風土、子ども、いのちをテーマにした独特の作風の切り絵作家。国内、欧米で個展を開催。日野原先生と共に「いのちと平和の森」運動を提唱。長野県北佐久郡浅科村（現・佐久市）出身（昭和19年生まれ）。

宮坂 勝之（みやさか かつゆき）

重症小児の救命と在宅医療、医療の安全と安心を担う麻酔科医、小児科医。スズキ・メソード顧問、トロント大学客員教授、聖路加国際大学名誉教授。長野県岡谷市出身（昭和19年生まれ）。

日野原重明
いのちへの想い　**いのちいろはノート**
—いろはで綴るいのちのメッセージ—

2018年11月27日　第１刷発行
2019年３月10日　第３刷発行

著　者　日野原重明・柳沢京子・宮坂勝之
発行者　木戸ひろし
発行所　ほおずき書籍株式会社
〒381-0012　長野市柳原2133-5
TEL（026）244-0235㈹
web http://www.hoozuki.co.jp/
発売元　株式会社星雲社
〒112-0005　東京都文京区水道1-3-30
TEL（03）3868-3275

ISBN 978-4-434-25414-7